Solo amando y sufriendo como padre
Logré entender sus amores y sufrimientos
Mamá...Papá... esto es para ustedes

Los poemas no liberan emociones
No remueven sentimientos ocultos
O rescatan sensaciones perdidas
Ellos solo existen para ser contemplados

Motivos de sobras

Escribo para burlarme del presente
Porque no hay nada que no se haya dicho
Tan solo hay dichos que de tanta nada
Dicen presente burlándose por escrito

Escribo en verdad porque solo eso puedo
Ya que aquí se esconde mi yo y mi prosa
Escribir nos otra cosa que esconderse
Y descubrirse escrito en una hoja

Escribo desde mi propio punto de vista
Siempre distante y ajeno a la realidad del mundo
Donde no hay sitio para el común de los sentidos
Tan solo búsquedas que reclaman rumbos

Escribo en ese afán de ser un líder
Dejando huellas para aquellos que me sigan
Soñando con ser el primero en algo
Sabiendo que siempre estaré lejos de todo

Escribo para verme en primera persona
Aun cuando sea el último en examinarme
Quisiera ver que ves cuando me besas
Quisiera estar ahí cuando me escojas

Necrópolis poética

La poesía como tal ha muerto
Sepultada en su tinta ahuesada
Rígida en su prisión de métricas
Esclava de su rima obligada

Creativa y viva cual hoguera
Su mundo ha quedado en cenizas
Dando paso a una nueva cosecha
De voces colmadas de falsas caricias

El arte en sus ligas de luto
Se perfuma y sale al encuentro
Morbosos tus ojos lo atrapan
Gozando poemas por dentro

Burdel de emociones baratas
Estas son mis meretrices
Prepara tus sentidos y explora
Divinas estrofas, desnudas y grises

Ansiolíticos

Hay pensamientos que se hacen crónicos
Escenas de una novela pasada que vuelven
Que se proyectan repetidamente en mis ojos
Ensayando finales que nunca existieron

Hay pensamientos que se hacen fuertes
Nutriéndose de mis ganas de olvidarlos
Tomando impulso en esa fría conciencia
De querer simplemente reemplazarlos

Hay pensamientos que se hacen flagelos
Lluvias de dagas cardíacas que no se detienen
Pasados de angustia que me han lastimado
Y que al rescatarlos me hieren nuevamente

Hay pensamientos que son mis refugios
Refritos de éxitos y fracasos recientes
Que ahogan el aire del presente cercano
Protegiéndome de fantasmas halados

Hay pensamientos que son reflexiones
Unión de experiencias que portan un hilo
Haciendo de ellas un nuevo destino
Recuerdos presentes de antiguos augurios

Hay pensamientos que nunca se alejan
Siempre latentes en mi frágil conciencia
Siempre al acecho de un paso en falso
Que les de lugar para entrar en juego

Hay pensamientos que son mis ansiedades
Cóctel de estilos que ocultan su esencia
Pero que de distintos modos y formas
Logran hacerse el centro de mi vida

Amor conceptual

"Quisiera medir la fuerza de mis amores
Establecer su contenido periódico
Calculando cuanto pueden prolongarse
Y que lugar cuántico se les reserva

Mas no me atrevo siquiera a definirlos
Si hasta tengo barreras para evitarlos
Escudos que no dejan que los penetre
Por miedo a que se filtren mis penas

Aún así se que mi aura los envuelve
Se que vibran en cada paso del tiempo
Bajando en rafting por mis venas
Aplicando un cerrojo a mi ser insuficiente"

Así era el Amor en mis versos primitivos
Despojados de incentivos e inspiraciones
Ausentes de tu presencia que llegó sin aviso
Y marco en mi carne y mi espíritu un Amor catalítico

Ahora sé menos que antes de su significado
Porque en carne viva supuro tu presencia
Desde que sacaste las palabras de mi foco
Y remplazaste cada una con tu censura

Tu llegada puso mi mundo boca abajo
Hiciste que juntara cosas que no se mezclan
Dándome lágrimas en tus días de alegrías
Pidiéndome sonrisas en tus dolores y penas

Dejaste en mis manos cantidades de ocasiones
Y me encontré contradiciendo mis teorías
Sofocando mis deseos de abrazar tu ternura
Reprimiendo mis ganas de amordazar tu albedrío

Olvidé mis proyectos y mis ilusiones
Descarté mis necesidades y deseos
Poniendo tu vida en mi horizonte
Hice de ti mi tesoro y mi anhelo

Hoy me observo en este rol desconocido
Y veo un libre esclavo de tu felicidad
Un guardaespaldas de tus impulsos
Y hasta un catador de tus consuelos

Cuan paradójico resulta este camino
Que siendo mi pasión las letras
No encuentre expresiones académicas
Capaces de ser fieles a tu rapto caníbal

Vulgarmente entonces defino mi existencia
Como un simple y anónimo cruzado
Que confiesa expropiada su vida
Reconociendo estar enamorado

Angustias a la luz de las penumbras

Hay límites que no nos pertenecen
Fronteras que nos separan y alejan
Que ponen nuestros cuerpos a un lado
Y siembran sueños en la otra orilla

Siempre esperando cada carencia
Sabiendo que la escena está incompleta
Actuando como si todo fuera virgen
Dejando a la vida en un blanco y negro

Una parodia de la vida moderna
Criticada tanto en vacío como en egoísmo
Tan bien personificada en el día a día
Degustando cada angustia publicada

Mi identidad se arrastra royendo temores
Como una industria de sueños perecederos
Que engordan mi amnesia de virtudes
Y alojan el recuerdo de tristes brujerías

Átomos de serenidad

Se puede vivir una experiencia distinta
Donde las leyes no tienen sustento
Donde la regla que todo lo armoniza
Solo propone saborear la vida
Sin grandes novedades ni sorpresas
Mezclando las horas con las comidas
Invitando al cuerpo a marcar el ritmo
E incitando al alma a descubrirlo

Las palabras son esquivas y recurrentes
Volando por un aire constante y ausente
Al compás de organismos despojados
Que se ahogan tratando de respirarlas

Confió en la sorpresa del mañana
Aun sabiendo y reportando monotonía
Rumiando cada frecuencia modulada
Que dulcemente cambia su melodia
En cada aliento voy perdiendo algo
Sacando viejas cadenas oxidadas
Mudándolas a un rincón de olvidos
Que lentamente construyo por dentro

Admito que no conocí el éxtasis supremo
Ni me vi sacudido en mis entrañas
Tal vez por eso el ser libre por dentro
Supone el rastro de brisas calladas

Siento un reposo pobre de sensaciones
En un ritmo que hipnotiza movimientos
Y aun sabiendo que sigo con vida
Huelo la ausencia y la sabiduría
Eternamente manso palpito el tiempo
En cada canto y pensamiento
A veces con el cuerpo exiliado
Pero siempre humanamente calcado

A título gratuito

Posiblemente nunca gane un gran premio
O me vea en situaciones semejantes
Que me expongan a la obligación necesaria
De dar gracias publica y gratuitamente

A pesar de eso llevo con mucho recelo
Agazapado en el bolsillo de mi saco
Un ejemplar preparado a conciencia
De aquella improbable escena de riesgo

Comencé agradeciendo a la vida
Como quien recuerda a un desconocido
Mencionando su nombre en nombre de otros
Olvidando que la vida es solo quienes te rodean

Pasé entonces a buscar sujetos en mi archivo
Seres que se han tatuado en fotos y videos
Padres, hermanos y demás parientes
Que comparten al menos mi código genético

Mas decidí ser mas específico en mi discurso
Y rescatar a quienes yo mismo he elegido
Amigos y compañeros de rutas
De los cuales solo conservo recuerdos

Volví la vista entonces a mi propia casa
Integrando mi familia y mis creencias
Primer cordón umbilical de mi alma
Que alimenta mas no sustenta mi núcleo

Entonces entendí del vacío omnipresente
Y a riesgo de montarme en tonos narcisos
Agradecí logros propios y virtudes genéticas
Que junto con mis defectos hacen a mi naturaleza

Celos impropios

Realidades superpuestas y contradictorias
Cada una enmarcada esperando un estímulo
Cada cual entrenada en un oficio de artesanos
Que las hace irresistibles en su dominio

De ellas surge silenciosa e inesperada
Seductora en halagos y complacencias
Siniestra en comparaciones y conjeturas
Que solo se muestra frente al vacío de la ausencia

Solo existe y se nutre de deseos geométricos
Proyectados, cimentados y realizados como ajenos
Sin espacios en su sed de conquistas
Sobre tierras que no sean extranjeras

Su veneno nubla y paraliza compasiones
Viviendo en cada victoria una injusticia
Sin atender a interrogantes diversos
Asumiendo como agravios la fortuna solitaria

Goloso en oleos de mi infancias
Entre líneas y escenas anticuadas
Inyectaron su antídoto en mis impulsos
Grabando una escena sin compartimentos

Un hada madrina de ilusiones frustradas
Enviada anónima cómo guerrera adelantada
Destrona mis reinos de tiernas caridades
Y planta banderas que jamás serán izadas

Defectos de fábrica

Despierto frente a un mapa de mis carencias
Trincheras de placeres, miedos y tristezas
Que se aplican en suero gota a gota
Sobre alivios conocidos y accesibles

Distingo claro el perímetro de mis defensas
Donde coexistimos en hechos y derechos
Entendiendo que cada energía acumulada
Empuja con fuerzas mis fronteras virtuales

Frente a esta realidad de cada día
Me cuestiono el seguir corriendo a los efectos
Que en si mismos no albergan desorden
Y que en su censura aumentan mi asfixia

Suena tan evidente atacar las causas
Que de solo pensarlo me paralizo
Tal vez por encontrarme sin herramientas
O justamente por el temor a utilizarlas

Toda causa arrastra su cadena de efectos
Que carecen de brújulas y sextos sentidos
Pero cada defecto engendra nuevos cauces
Que nacen y hacen a este mundo imperfecto

Expresionismo del S.XXI

Necesito expropiar mis sentimientos
Buscar signos, palabras y códigos
Que me permitan verme cara a cara
Reconociendo con certeza mis facciones
Aquel conjunto de intrigas y misterios
Que encadenados se mezclan y funden
Rugiendo en estampidas esquizofrénicas
Reclamando ocultos entre rejas imaginarias

Ciertamente no hay indicios ni desenlaces
Sobre esta apertura emancipadora de sombras
Corro el riesgo de encontrar frente a mis ojos
Mi genuino ADN históricamente socializado
Poniendo de manifiesto fantasías
Lejanas al árido puerto de palabras
Que en constante adolescencia
Buscan llevar sentido a lo desconocido

Aquí soy profeta de mis frustraciones
Ya que a menudo suelo perder el rumbo
Quedando en una imagen sordomuda
Recreando a un Chaplin vagabundo
Porque ellas, mis pequeñas mutiladas
Particionadas en mensajes electrónicos
Buscan ser Roseta de mis sentimientos
Expuestos entre sombreados bocetos

Sé que no hay lugar para efectos especiales
No hay espacio para ningún plastificado de belleza
Ni para mi impotencia despojada de axiomas
Aquella que muta un géneros de erotismo macabro
Agonizando en los iconos recurrentes y emotivos
Enmascarando popurrís de ansiedades
Que desconocen la infancia que se refugia solitaria
A la espera del tsunami de instintos cruzados

He intentado reprimirlos y enterrarlos
Desconociéndolos y bastardeandolos
Pensando que no me pertenecían

Y que su muerte sería mi trofeo
La gloria eterna de esta secuencia evolutiva
Dispuesta cual cadena de pruebas y errores
Que siempre me llevan sin anestesia
Frente a ciertas terapias de químicos orgánicos

Por eso busco e intento expresarme
Quiero llorar mis penas con lágrimas
Exentas de sabores o conservantes
Cubierta de mascaras faciales ricas en inocencia
Buscando una sonrisa de niño malcriado
Que deje olores a tierra húmeda y virgen
Erupción de espontáneo asombro y alegría
Duradera emoción del autentico descubrimiento

Mas hasta aquí llegan mis deseos
Pues los signos me han sido esquivos
Flotando en mis aguas territoriales
Pero sin una red que los una a mis pulsos
Esta es la base de esas expediciones
Que ponen en otras lenguas lejanas
En otras danzas o formas plásticas
La imagen y semejanza de mi tierra

Pensando en vos

Me cuesta imaginar tus gestos y tu sonrisa
Pensar en tus actos y tus palabras
Sin proyectarme y soñar mi arquitectura

No hace mucho que asumo tu existencia
Pero solo en conceptos y teorías universales
Sin líneas, formas o dimensiones

Me gustaría pensarte sin defectos e impurezas
Con un título noble y pleno de virtudes
Que sintonicen con la fuerza de tu vida

Pero te proyecto frágil y travieso
Con un corazón sincronizando mis latidos
Con marcas cutáneas que te hagan mi hijo

De la muerte a la vida

Tu soledad crónicamente silenciada
Mis ausencias dolosas y concientizadas
Tu agonía siempre considerada
Mi inocencia carente de marcas
Tu felicidad eternamente manchada
Mi amor inexpresivo pero constante
Tus palabras teñidas de afecto
Mis lágrimas ocultas pero ancladas
Tus años reflejando mi historia
Mi parálisis verbal por ti interpretada
Tu sonrisa dulcemente pintada
Mi presencia siempre latente
Tus ansias de partir sin moverte
Mis cadenas traídas y llevadas
Tu reclamo sencillo y cotidiano
Mi nostalgia cobrada por adelantado
Tu generosidad infinita
Mi egoísmo simple e inmaduro
Tu vida que se me escapa
Mi oscuridad que te atrapa
Tu recuerdo que se presenta
Mi figura difusa en tu alma
Tu presencia inhumana
Mi humanidad ausente
Tu promesa realizada
Mi esperanza incubada
Tu vida plenificada
Mi vida revaluada

Nuestro amor... levántate y anda

Cóctel de ilusiones

Cuando se abre un depósito olvidado
Bajo una red de polvo y residuos
Surgen óxidos de recuerdos y fantasías
Que sin brillo buscan ser descubiertos

Son las chispas de ilusiones archivadas
Que chillan en cada rayo de luz cautiva
Pidiendo aire para un nuevo génesis
Despertando de su ayer momificado

Y es inevitable contemplar con asombro
Las confusas formas de aquel alumbramiento
Pero soñando con algún tesoro perdido
Resurgen a la espera de un dueño desconocido

Mágicamente se distingue alguna imagen
Acompañado por una aurora colegiada
Suscita la euforia de una joya sin talla
Que llena el vacío de un nido recién concebido

Buenas intenciones

Siempre traté de estar contigo
Buscándote en mi escondite
Tratando de mantener la marcha
Sin avanzar ni dar un solo paso

En cada libro encuentro tu acento
Y en cada charla resulta tu trazo
Pero de tanto que te siento y pienso
Creí saborearte sin mover mis labios

Shopping de amores

Hoy tuve un impulso consumista
Y lleve a mi cuerpo amores vacíos
De aquellos que uno ya tiene
Pero en distintos envases y colores

Si bien tuve con que pagarlos
Mi alma supo sentenciar sin vueltas
La ausencia incompatible de razones
Que el orden siempre cobra con denuncias

Como una paleta de colores apagados
Así van mis amores pasajeros
Nadando en un acuario submarino
Lejos del mar de tus sinceras caricias

Réquiem social

Pequeña prisión de luces y sonidos
que inunda mis ideas hasta ahogarlas
y me deja en un laberinto de pensamientos.

Esta es la arena de mi vida,
donde el mas largo de mis recesos
se trunca en ráfagas de imágenes sin descanso
y me deja sin ganas de reposar mis corajes.

Los sonidos son notas que tapan mis angustias
y a la vez no dejan que fluyan y se disipen.

Las luces son dagas en mis ojos
tratando de bajar los párpados de mi conciencia.

Los veo volando

Los veo volando suspendidos en el aire
Entregando su cuerpo al viento
Dejando el timón a la deriva
Mansos recorriendo un espiral invisible
Vacíos de pensamientos idealistas

Los veo cayendo en picada
Desprendiendo lagrimas insensibles
Penetrando las agitadas olas
Rígidos en su ascendente salida
Asomando su cuerpo en un suspiro de éxtasis

Me veo observando, atento a cada detalle
Sin moverme del borde de aquel acantilado
Sintiendo las plumas suaves sobre mi cuerpo
Esperando una señal que nunca llega
Digiriendo las maravillas y pesares de aquellos acróbatas

Los veo volando protagonistas de su destino
Me veo observando espectador de su suicidio
Los veo sangrando dejando su vida entre las rocas
Me veo observando sin entender lo que es la vida
Tal vez solo sea un paso lo que me separe de ella

Causalidades

No hay verde que no refleje mi Edén
Suspendido en su vida estática
No deja de envolverme y cubrirme
Llegando a los orígenes de mi naturaleza

No hace falta danza alguna
Para cautivar mi conciencia adormecida
Tan solo los matices de su masa
Penetran y seducen compases de armonía

Decidido, las ignoro y aparto
Sorprendido, minimizo su presencia
Callado pellizco una esquina
Descuidado me entierro y descanso

Abrazo mortal

Tan solo a la vuelta de la esquina
De los círculos que rodean mi vida
Alguno completa su forma
Cerrando un capítulo de mi historia

Ayer mientras guardaba uno de ellos
Descubrí que hace tan solo unos días
La pluma de mi existencia inquieta
Había comenzado el trazo de nuevas huellas

Y en aquel melancólico acto de despedida
Vi a ese viejo hilo de recuerdos
Diciendo adiós con una mirada cómplice
Hacia aquella ilusionada escenografía

Siempre tuve un afán protagonista
Pero esta parodia de entradas y salidas
Me mostraron fuera del escenario
Contemplando esos círculos espiralados

Solo queda el interrogante
De si tanta redundancia concéntrica
Será principio o fin de mis días
O un delineado sin formas ni tiempos

Intento frustrado

Hoy salí en busca de poemas perdidos
Apostando a un lugar apropiado
Donde la humanidad fuera silencio
Y la naturaleza me grite al oído

Elegí un rincón cómodo y tranquilo
Desde donde pudiera oler el clima
Donde el cielo alcanzara al horizonte
Y el campo corriera a su encuentro

Pero encontré filtros corporales
Un tamiz entre mi mente y mis sentidos
Que por mas que inspiraba sensaciones
Solamente respiraba alientos destilados

Nada mas frustrante que el vacío
Donde la vida adolece de existencia
Donde no se busca ni se encuentra
Donde la nada ni siquiera existe

Inercia es mi resignación de estar quieto
Viendo pasar el mundo y sus maravillas
Sin poder agregar sabor a sus especias
Pero con la pizca de tantear un poema

Parches emocionales

Melodías cantan el despunte del día
Despertador de sueños que no recuerdo
Pero que busco por salinas agrietadas
Escapando al siniestro ayer copipasteado
Huyendo del masoquismo insaciable
Que me espera a la puerta de mis párpados

Punzando extraigo los restos de plaquetas
Dejando en tientas las venas y mi carne
Supuro en pus los impulsos dializados
Volviendo inertes mis perplejidades
Inyecto anestésicos a mi mente
Para entrar en territorios lacrimógenos

Insensiblemente me lanzo al mundo
Mi armadura eternamente resistente
Hace en la indiferencia y la desidia
Su material mas noblemente forjado
Una divina aleación conquistada
Tras años de burbujas enclaustradas

Puedo ver abusos y aberraciones
Pobreza, masacres y hambre sin edades
Bromear con el frío y la injusticia
Jactándome de violaciones y excesos
Todo en nombre de una dote autorizada
Que me protege de seres radioactivos

De vuelta en casa al ocaso del día
Me lleno de oxigeno y respiro
Vuelvo a la dignidad de mi vida
Disfruto de mis tesoros y amores
Alejo los recuerdos del Edén suburbano
Mi humanidad putrefacta enjuaga su cara

Territorio enemigo

El amanecer irrumpe impiadoso
Arrebatando recuerdos inconscientes
Dejando al desnudo mis miedos
Y ahogando en licores mis heridas

Cada rayo nuevo que nace
Se incrusta en mis párpados cerrados
Iluminando los negativos de mi vida
Tatuados con sangre en mis retinas

El sueño va perdiendo terreno
Solo queda en fantasmagóricas nubes
Sobre realidades alucinógenas
Fusilado por la presencia del día

Y sin embargo es la guerra la que sostiene
Esta ilusión de sueños y realidades
Sobre enemigos que se montan a mis angustias
Y recorren el campo de mis debilidades

Esos temores son los que no duermen
Siempre atentos a repetirse y multiplicarse
En busca de proteger situaciones irresolubles
Siempre listos a articular el bendito caos

Impulsos adolescentes

Maldita sociedad de hipocresía
Con sus reglas absurdas y miedos cincelados
Aterrados de salir y reinventarse
Que ensucian las palabras y los colores
Renegando de las drogas y estimulantes
Y se embriagan con mentiras pervertidas

Ellos dejan morir a sus seres queridos
Eligiendo represores y asesinos confesos
Toman pastillas para sus propias nauseas
Provocadas por arcadas en sus reflejos
Autoritarios en sus planteos y decisiones
Inhabilitados moralmente a ejecutarlas

Hay infinidad de vidas sin sentido
Cuerpos flotando en este mundo marino
Conservados por organismos gubernamentales
Que te enganchan a su cadena alimenticia
Debemos huir y refugiarnos de este virus
Saboteando su estructura orgánica

Evitemos caer en sus fosas comunes
Olvidando nuestro algoritmo de capitales
Viviendo al abismo de la conciencia
Fuera de los limites que acorralados
Nos apartan del sinsentido de estar vivos
Que no es otro que el de explotarnos

Sus penas son el suero de su ira
Que reprimen en nuestros delirios suicidas
Bajo un candado de reglas burocráticas
Picanean nuestras ideas y reclamos
Hasta que mueren o se declaran insanas
Dejando un rastro de ideas frustradas
Que solo volverán a la hora de la muerte

Mi consejo no es revelarnos públicamente
Ni enfrentar a poderes que nos superan
Debemos infiltrarnos sumisamente

Sin activar los radares del pensamientos
Hasta que ataquemos sus bunkers subcutáneos
Con la sangre de nuestra inocencia
Con el amor que ellos nos han negado

Econatugrama

Hoy expreso mi naturaleza humana
Chapoteando bajo lluvias de hojas
Lanzándome como bumeran de aves
Deshaciéndome en polvo de estrellas
Estremeciendo mi piel de gallina
Siendo indiferente en mi sangre de pato
Inclinándome en reverencia equina
Recurriendo a mi memoria paquidérmica
Despidiendo mi reinado con coronas de flores

Deseos prestados

No tengo forma de cometer errores
De pretender un ser y querer distinto
De ser dueño de otros placeres
Y de no acudir a mi inconciente submarino

Parezco darle crédito al destino
Que sin importar los medios
Hace que todo se halle escrito
Teniendo a la voluntad entre cuerdas

Me veo tentado a resignarme
Y simplemente aceptar mis miserias
Siendo autista a tantas razones
Que gritando suplican mi regreso

No entiendo como el mundo sensible
Puede confabularse en tantas desgracias
Siguiendo ídolos liliputienses
Que engrandecen sus reinos con migajas

Tal vez son fuerzas que se evaden
Que no llego a captar plenamente
Disminuidas en batallas desiguales
Crean zonas de horrores convenientes

Verte crecer

Desde chico oí hablar de la Felicidad
Como un estado de vida imperfectible
Como una sensación tan completa
Que termina siendo inalcanzable

Pero un día te fuiste y quedamos solos
Solos como tantas otras veces
Aunque tal vez mas maduros
Tal vez mas compinches
Tal vez con mas ganas de conocernos
De explorar en el otro algo nuevo
O de cambiar los roles de nuestro juego
Y en ese ida y vuelta te vi distinto
Distinguí el llanto de tu risa
Junté las broncas y las caricias
Y en un instante que hoy perdura
Logré verme entero en tus pupilas

Me encuentro mudo frente los recuerdos
Buscando resumir en versos lo vivido
Tratando de encerrar en una sola palabra
La eterna Felicidad de estar contigo

Moratoria inspirativa

Escucho de búsquedas desesperadas
Teñidas de recuerdos del olvido
Enterradas cual tesoros salvavidas
En cofres de bohemias esperanzas

Un día escuche de un buscador de inspiraciones
Que recorría caminos recogiendo señales
Analizando aromáticos bloques de colores
Seleccionado cada uno con su lupa auditiva

Pero aquel hombre insistente y arrogante
Cargaba solo áridos residuos de arcilla
Que en su existencia físicamente cristalina
Acaparaban su atención inspirativa

Desde entonces yo ya no busco nada
Decidí saltar al mundo sin paracaídas
Y que la vida salga a mi encuentro
Si es que puede seguirme el paso

Murallas abandonadas

Amanece y las nubes dominan mi cielo
La humedad y el frió envuelven mis huesos
Mientras el viento acompaña mis pasos
Tal vez un día mas de quietud o retroceso
Sin voluntad para dar un paso adelante
Sin autoridad para doblegar mis impulsos

Las aves sin embargo no esconden su canto
Y los árboles susurran al ritmo de cada brisa
Haciéndose eco del clima que los arrulla
Tal vez deba imitarlos o aprender de ellos
Con solo transformar mi alrededor en energía
Comprendiendo que mi lucha aún no termina

Rumbo Merlo

Preguntas que fluyen y se reciclan
Respuestas políticas o fantasiosas
De esas que endulzan pero no llenan
Iterando siempre en nuevos interrogantes
Deseos cumplidos y postergados
Metas propias y herencias paternas
Todo me asombra y me atrae
Me emociona y hasta me aterra
Pero lo que siempre me inquieta y persigue
Es esta profunda sensación de estar perdido
Intuyendo que mi hogar no es este mundo
Y que esta amnesia tiende a ser crónica

Insuficiencias

No se realmente de quereres
Quererme es un deporte de riesgo
Y no aspiro a bajar mis defensas
Mas allá de lo que quiero a mi vida

No se si quiero mansedumbres
Porque mansamente entrego mis amores
Amando por encima de mis hombros
Mentalmente cortejo y abandono

No guardo sitio a las venganzas
Odiando llevo trabajo a casa
Y odio verme siempre obligado
Si lo hago me juro revancha

Milagros ausentes

Quisiera escribir un best-seller
Siendo genuinamente mío

Quisiera nadar a mar abierto
Sin tener que volver braceando

Quisiera tocar recitales
Con mas de tres notas distintas

Quisiera pintar horizontes
Con oleos pero sin parkinson

Quisiera correr maratones
Siendo fiel a mi gula adictiva

Quisiera hablar muchas lenguas
Sin tareas, escritos u orales

Quisiera cantar sinfonías
Sin un transplante de cuerdas vocales

Quisiera decir lo que pienso
Sin que me receten años de terapia

Quisiera escribir mis deseos
Y que se me cumplan en esta vida

Quisiera nunca dejar de soñar contigo
Y despertar siempre abrazado a tu lado

Reflejos de esperanza

Hay una luna hermosa en esta noche fría
Luego de una tormenta de truenos sordos
Y de un arco iris de gotas gordas y violentas
El cielo quebrado va dejando entrar las estrellas

Así es mi vida y mi historia
Aun tiemblo por mi niñez tormentosa
Sintiendo el frío de mi adolescencia
Sonrojado en mi juventud prematura

Hoy veo la luz de una madurez temprana
Y me pregunto por mis días de coraje
A pesar del frío y la humedad perenne
El futuro me espera y me aprieta

En mis venas hay pasiones estancadas
En mi piel cicatrices sin batallas
Excusas me sobran y rodean
Es la hora de soltar mis quejidos

La luna ya no alumbra en el cielo
Pero la noche me dejo un desafió
Decidir en propias creencias
Por que rumbos irá mi camino

Azul profundo

Soy conciente de que en realidad no te conozco
Aunque no reniego de haberte conocido
Solo soy justo si digo que nunca cruce tus fronteras
Quedando solo a un paso, pero al otro lado del camino

No hay duda que eso no califica mis emociones
Que definitivamente flotan con tus recuerdos
Y aunque no pueda fácilmente definirlas
Soy adicto al placer de esas ráfagas visuales

Con cada rostro que sin duda no se te parece
Pero te representa y se viste con tu aroma
Vivo algo que parece una declaración amorosa
Pero es más extraño que eso y aun más sexy

Algo me transporta a mis sueños y mis pasiones
Me apura a no quedarme quieto y superarme
A dar respuesta a mis preguntas retóricas
A no dejar de cuestionar mis pobres ideales

Creo que si tuviera que calificar la experiencia
Tendería a decir que siento que "te extraño"
Aun sin conocerte y sin poder imaginarte
Pienso en vos y me invade la nostalgia

Yo se que es falso el extrañar superficialmente
Aunque se que fui parte de tu vida
Reconozco que no soy mas que una anécdota
Solo un párrafo en el libro de tu historia

Aun así insisto en mi diagnostico
Y me sonrío de solo de afirmarlo
Porque estoy seguro de conocer la respuesta
Y no deja de parecerme absurda

Mi hipótesis es que guardes algo que no es tuyo
Una parte mía que tal vez dejé en tu pecho
Donde seguramente estuve y no lo recuerdo
Pero que se fue contigo y desde allí me llama

Mi miedo es que compartamos algo vivo
Que no sea tuyo ni mío pero nos atraiga
Y sufro de tan solo pensarlo
Porque eso significa que te necesito

Por ahora pienso seguir extrañando
Mirando de reojo tus huellas perdidas
Soñando con descubrir algún día
Que hay en ti que me atrae tanto

Pero es cierto que temo desilusionarme
Me acostumbré a este juego de atracciones
Y siendo tan pobres y lejanos mis recuerdos
Es posible que todo sea un engaño

Si así fuera no solo te iras para siempre
De mis rincones de nostalgia y pasado
Sino contigo partirían mis esperanzas
De oír mi sangre latiendo por otros lados

Espero que mientras yo resuelvo este acertijo
Tu no dejes de seguir buscando y soñando
Porque mientras esos sean tus motores
Viviré sin duda en el hechizo de tu encanto

Imputabilidad

Comiste de mi mano
Caminamos por los campos
Construimos sobre el barro
Martillaste entre mis grietas
Desvié un puño extraviado
Callaste cerrando la puerta

Salitre y heridas
Angustia sin vueltas
La sangre gotea
Culpable en conciencia
Abismo que encierra
Vació y orquesta

Calles cortadas
Sombras opuestas
Marcas tatuadas
Sordas propuestas
Nicho ocupado
Fría paciencia

Careos
Excusas
Estrías
Ausencia
Suspiros
Sentencia

Manchitas de amor

Misteriosas orejas tiernas y relajadas
Tu mirada siempre triste y asustadiza
Tu audacia dio sus saltos y paradas
Pasaste por mi vida y sellaste mi infancia

Compañera de comidas caseras
Alfombra suavemente delicada
Cambiaste de asilo sin llantos
Viviste tus días sin ruidos ni cantos

Tus manchitas salpicaron recuerdos
Y se esparcieron como un árbol micótico
Dejando aún tus pelos arrinconados
Dejando tu fuente golpeando y llamando

Supernova

Decidí ir por todo y por todos
Sin discriminar buenos de malos
Pero mezclando luces y sombras
Sin saltear ni una sola palabra
Pero callando y agudizando el oído

Descubrí el secreto de mis nudos
Y empecé a mover mis piezas
Como un Ruby sobre mi palma
Cada acierto fue un festejo
Cada paso un ida y vuelta retorcido

Alegatos

Quisiera volver el tiempo atrás
Callar mis furias descontroladas
Sacar del cuadro los golpes crueles
Dejar a un lado los fastidios que hieren

También quisiera verte manso
Esclavo de mis deseos y mandatos
Parado al servicio de mis placeres
Sereno y sabio como yo nunca he sido

Quisiera no saber que es imposible
Que busco retratar cosas invisibles
Pensar que volvería sobre cada paso
Para golpear en tus mismo órganos

Carezco de fortaleza para aceptar esta pena
Para dar vuelta la pagina con una sonrisa
Regurgito cada queja de tu alma golpeada
Y recibo yo golpe a golpe el mismo castigo

Lo mas triste es perder los argumentos
Y tener que reconocer que todo es relativo
Asumir que mi historia no es tragedia
O sucumbir a ser mi propio verdugo

Veo el camino pero duele aceptarlo
El perdón y las deudas deben ser saldadas
Solo así habrá justicia en mi corte suprema
Solo eso me hará hombre y marcará tus pasos

Brujitis

Mi debilidad siempre fueron las miradas
Y como si tus ojos conocieran mi secreto
Se anclaron en mí y nunca más me soltaron
Entrando así al mundo de tu belleza
Conquistado por tus sonrisas
Cautivado por tus impulsos viscerales

Pero tu belleza fue pasando al olvido
Igual que la mía, cambió su rumbo
Permaneciendo en miradas tiernas
Languideciendo en firmeza y arrugas
Dejando paso a trincheras de besos
Que estoquearon mis mañas y anhelos
Haciendo brebajes y antídotos sabios
Saliendo al cruce de mis deseos insanos
Sofocándolos con tu estoica compañía

Tu seducción se fue multiplicando
Y ahora sacude cada uno de mis sentidos
Suspira mentiras envueltas en seda
Entona verdades sin furcios ni pantallas
Como una acupuntura de pasiones
Que entra y sale de mi cuerpo
Dejando un océano de susurros corales

Con el tiempo aprendí a querer tus rarezas
A hablar de cosas que me siguen siendo extrañas
Tanto que mi amor se tiño de aquellas palabras
Mi serología declaró ser positivamente tuya
Mi adicción se hizo endémicamente humana
Mi vector pasó a ser la dulzura de tus labios
Mi expectativa de vida... ahora es eterna

Je t'aime mon amour

Metamorfosis gótica

El despertar fue confuso y sudoroso
La humedad condensaba mi aliento
Y lo encerraba en gotas sobre las sabanas
La soledad era incomoda y ficticia
Los sonidos estaban ausentes pero igual me rodeaban
Como un televisor enmudecido pero activado
Llevando ondas subliminales a cada cuarto

Mis ojos permanecieron cerrados por un tiempo
Tratando de captar aquella extraña presencia
Agudizando sentidos y percepciones
Dejando mi alma ausente de cuerpo
Pero no percibía nada que sacudiera mis nervios
Como si algo estuviera a milímetros de mi carne
Pero sin tocar más que el flujo de mi aura

Mi párpados se abrieron de repente!
Lanzando los ojos a la oscuridad extrema
Buscando tomar la iniciativa clavé la mirada
Sin pestañar ni deglutir la sangre en mi garganta
Durante segundos mantuve mi postura amenazante
Esperando el contraataque de aquella presencia
Pero nada respondió a mi sutil amenaza

El aire comenzó a verse gélido y punzante
Mis ojos secaron sus retinas y se cristalizaron
Mi cuerpo entero comenzó a sentir el rigor mortis
La piel contraída, tirante y despigmentada
Mis pies violáceos, mi torso morado
Los dedos azules dejaban a mis uñas negras
La sangre espesa se coaguló en mis labios

Los sonidos se agudizaron lentamente
Punzando mis tímpanos, penetrando mi cráneo
De pronto sentí un lamido en mi mejilla
Lento y áspero recorrió mi piel helada
Rasgando a su paso escamas de hielo
Dejando un surco casi imperceptible
Que empezó a arder sulfurando mi carne

Como una púa que gira al final de un disco
Rítmicamente sentía rasgar mi cuerpo
Y en el fondo de aquella disección pausada
Sentí algo que sobrepasaba mis ausentes sentidos
Un susurro llegaba directo a mi conciencia
Y circulaba por toda los rincones de mi mente
Aquel susurro decía...welcome back

Être ou ne pas être

Je ne suis pas le messager
Je ne suis pas la raison d'être en vie
Je ne suis pas l'ennemi
Je ne suis pas l'absence ou l'habit
Je ne suis pas le souhait d'être mort
Je ne suis pas la destination
Je ne suis pas la question ni la réponse
Je ne suis pas l'idéal perdu
Je ne suis pas le point tournant
Je ne suis pas la voix d'un ami
Je ne suis pas le piment de la vie
Je ne suis pas un cas désespéré

Je suis seul votre ombre dans la solitude de la route

Calipso

Las ideas me abordaron de repente
Sin aviso ni insinuaciones previas
Se colaron en mi mente y arrancaron su carrera
Digitando mis acciones mas primarias
Liberando reos condenados al olvido

Los papeles se llenaron de letras y recuerdos
Probablemente haya pedido demasiado
Seguramente he dejado muy poco de mi
Cuando lo único que queda es la fría certeza
De saber que aún no me he ido contigo

Hay miles de razones para no morir contigo
Y sin embargo me acuesto cada noche en tu nicho
Se que es demasiado tarde para dar un paso al costado
Se que te estoy perdiendo y aun así me contengo
Definitivamente hoy no voy a terminar este libro
Dejaré una hoja en blanco para escribirla mañana

Else

Si tu lees a los grandes poetas de la humanidad
Y saboreas las delicias de sus versos románticos
Imaginando cada beso y cada caricia
Pero sin poder experimentar ni un solo sentimiento

Si tu aprendes de los grandes pensadores
Buceando entre sus eternas máximas filosóficas
Comprendiendo cada letra y cada palabra
Pero sin poder aplicar ni uno solo de sus ensayos

El tiempo determinará tu cóctel de decisiones
Donde deberás poner algo de lo que escuches
Donde deberás poner algo de lo que descubres
Y con todo eso hacer el amargo elixir de la vida

Más si logras interpretar tus propios deseos
Tamizándolos por el filtro de las reacciones
Exponiéndolos ante el juicio de tu libre albedrío
You will be yourself and your life will be yours, my son!

Miserias

Hay un cofre esperando al final del camino
Como quien alcanza su destino en la vida
Y descarga la mochila que ha llevado a cuestas
El final abre una puerta al pasado
Y descubre ante tus ojos las miserias acopiadas

Aquello comenzó con un simple cansancio
La vista nublada y los párpados pesados
Hicieron que las luces fueran agobiantes
Teniendo que desviar la mirada
Frotando mis ojos o dejándolos cerrados

Poco a poco la ceguera se fue pronunciado
Cambiando colores nítidos por pasteles
Bajando un manto blanco y brilloso
Como un sol que deslumbra glorioso
Pero que oculta todo lo que te rodea

Hexapasional

48 61 79 20 6f 72 67 61 73 6d 6f 73 20 71 75 65 20 64 75 72 61 6e 20 73 65 67 75 6e 64 6f 73

53 65 6d 69 6c 6c 61 73 20 64 65 20 70 6c 61 63 65 72 20 71 75 65 20 6d 75 65 72 65 6e 20 65 6e 20 75 6e 20 73 75 73 70 69 72 6f

59 20 64 65 6a 61 6e 20 70 61 73 6f 20 61 20 6d 69 6c 6c 6f 6e 65 73 20 64 65 20 73 65 67 75 6e 64 6f 73 20 76 61 63 c3 ad 6f 73

41 73 c3 ad 20 65 73 20 6e 75 65 73 74 72 6f 20 61 6d 6f 72 20 65 6e 20 6c 61 20 68 69 73 74 6f 72 69 61 20 64 65 6c 20 6d 75 6e 64 6f

53 6f 6c 6f 20 75 6e 20 73 65 67 75 6e 64 6f 20 64 65 20 70 6c 61 63 65 72 20 69 6e 74 65 72 6d 69 6e 61 62 6c 65

Hay orgasmos que duran segundos
Semillas de placer que mueren en un suspiro
Y dejan paso a millones de segundos vacíos

Así es nuestro amor en la historia del mundo
Solo un segundo de placer interminable

Surmenage

Te aseguro que no esta dicha la última palabra
Lo inevitable siempre encuentra excusas
Para volver sobre sus pasos y cambiar de rumbo
Por lo tanto reniego de pensar en derrotas
Cuando mi vida ha sido y es una eterna batalla

Hay días en que la cobardía me atrapa y no me suelta
Tan solo basta con prestar atención a lo que te rodea
Y veras que tu también estas contra las cuerdas
Los prototipos avanzan mas de prisa que tu mente
Tanto que ahí habitan desde antes que los conozcas

Hay días que el mundo se me viene abajo
Hay cosas para las que no tengo defensas
Y sin embargo los días van y vienen
A veces vestidos de gala y perfumados
Otras en harapos y derrotados

Cada día que vivo en esta tierra es una farsa
Con sus amaneceres y ocasos no me confunden
Todo es un guión de oscuro mal gusto
Donde alguien misterioso decide hacia donde vamos
Tan solo escucha y entenderás de que te hablo

Simon says...

Frecuencia modulada

Alguna vez confesé un poco ingenuamente
Que si la vida te diera el poder de leer mi mente
Seguramente huirías de mi lado para siempre

Hoy me quiero hundir en el firmamento
Cada día extraigo de mi un poco de vida
Y carezco de motivos para hablarte

No alcanza con tener un hijo
Para aplacar las ansias de ser padre

No alcanza con tener una vida
Para llenar los deseos de ser feliz

Tal vez solo la eternidad sea suficiente

El síndrome Moreira

Su voz dejaba entrever su juventud
Hundida en una enfermedad crónica
Mezcla de adolescencia y penas ahogadas
Como quien hace tiempo que no pronuncia palabra
Dijo aquel extraño: "¿Hablo con la casa de Arnaboldi?"
Y el silencio se adueño de aquel llamado...

Las redes sociales se hicieron parte nuestra
Lugares de paso y nostalgiosos reencuentros
Donde es común juntar a viejos grupos de amigos
Como aquel de mi querido colegio secundario
Excusa perfecta para organizar reuniones temáticas
Donde el pasado atrae a aislados desconocidos

El primero de estos encuentros fue populoso
Lleno de anécdotas y recuerdos juveniles
Donde no faltaron fotos y repaso de curriculums
Abultados de promesas de no perder contacto
Cumplimentadas desde los perfiles de aquellas redes
Que originalmente posibilitaron estos revivals

Los encuentros se realizaron regularmente
Siempre con el mismo espíritu y alegría
Aunque llamativamente cada vez con menos quórum
Ausencias desprovistas de explicaciones
Aunque siempre atadas a los perfiles electrónicos
Donde seguían actualizando el devenir de sus vidas

El primero en dejar de asistir a estos convites
Fue mi viejo amigo el Pichi Tarantini
Distábamos de ser asiduos por esos días
Y tal vez por ello no me llamo del todo la atención
Aquella actualización del estado de su cuenta
Aquella que solo decía: "El Tony Moreira ha vuelto"

Para ese mismo tiempo comencé a recibirlos
Llamados anónimos que rezaban mi nombre
Y sin esperar respuesta colgaban abruptamente
Siempre repitiendo su lejana voz estropajosa

Siempre solicitando aquella misma confirmación
"¿Hablo con la casa de Arnaboldi?"

El tiempo siguió pasando como tantas cosas pasan
Cada cual posteando mensajes, fotos o videos
Manteniendo aquella red viva y actualizada
Dejando traslucir penas y alegrías virtuales
Sintiéndose menos aislados, menos olvidados
Sobre todo menos protagonistas de este mundo

De a poco fui sintiendo que aquel deja vu
Repetido casualmente o tal vez no tanto
En mensajes de mis compañeros de adolescencia
Se me hacia curiosamente entrelazado a sus ausencias
Siempre abruptas, sin excusas y definitivas
Precedidas del mismo: "El Tony Moreira ha vuelto"

Pero no fue hasta aquel 17 de Octubre de 2011
Natalicio del Nene Raggio, donde prometimos juntarnos
Y lo que suponía ser una fiesta multitudinaria
Solo nos encontró cara a cara, sin mas que nosotros
Aquel día prometimos salir en busca de los ausentes
Aquel grupo que se fue desvaneciendo sin motivos

El Nene arremetió enviando mensajes
Palabras interrogativas que nunca obtuvieron respuesta
A pesar de que la actividad de todos era incesante
Publicando novedades o subiendo fotos
Pareciera como si no hubiera nadie tras esos perfiles
Pareciera como si la inercia controlara sus cuentas

Los llamados continuaban llegando a casa
Sin una frecuencia u horario estipulado
Siempre ausentes de respuesta
Aun cuando intentara anticiparme a esas palabras
Palabras que me acompañaron hasta mi muerte
"¿Hablo con la casa de Arnaboldi?"

Por mi lado comencé a buscar al Tony Moreira
Pues casualmente es lo último que habían posteado,
Cada uno antes de perderles el rastro de esta tierra
Sin embargo sabía que la tarea no sería fácil

El Tony había dejado el secundario antes de terminarlo
Y su último paradero conocido era un psiquiátrico

Mas luego de recorrer innumerables instituciones
Por fin di con él o al menos con su cuerpo
Su patología se había agravado y estaba aislado
Según me comentaron hacia años que no hablaba
Y mucho mas tiempo desde que no abandonaba
Aquella oscura habitación de paredes acolchonadas

Su vida había sido desafortunada y solitaria
De pequeño había descubierto el sinsentido de la vida
Cubierto de millones de preguntas sin respuesta
Y la sola certeza de esperar un final irremediable
La mayoría oculta esta realidad impostergable
Con afectos, virtudes o codicias

Pero el Tony se había enfrentado desnudo a esta vida
Y sin remedio cayó en la fría y eterna agonía
De saber que el presente es eterno y aun mas el futuro
Tal vez eso es lo que les sucedió a los otros
El reencuentro despertó esos abismos reprimidos
Y los liberó en el recuerdo de aquel precursor adolescente

Del Nene no tuve mas llamadas ni noticias
Como el resto, siguió vivo en las redes sociales
Como si nada de esto hubiera ocurrido
Como si el ciberespacio fuera su guarida
Mientras yo me dediqué a observar mi camino
Sabiendo que el destino me esperaba sin salida

Hasta que por fin llegó el día que tanto temía
Como siempre el teléfono sonó con su habitual tonada
Como siempre oí: "¿Hablo con la casa de Arnaboldi?"
Pero esta vez la voz siguió, fue allá de esas palabras
Y tras una pausa dijo: "Soy Antonio Morales Moreira"
Luego el silencio se apoderó de mi vida... para siempre

Un hasta luego recurrente

Queridos instintos tutores de mi conciencia
Me atrevo a despedirme por un tiempo
Un pequeño lapso que reservo solo a la rutina
Mi viejo oráculo de destinos pasados

Los amo y los he hecho parte mía
Dándoles el mapa de mi picada
Llevándolo a la profundidad de mi vida
Donde albergo solo a selectos extraños

Finalmente encontré reemplazo para ustedes
Muy cerca, en la dermis de mi libre albedrío
Por lo que ahora pondré nuevos cimientos
A un actuar y proceder mas humano

Saludos...

Índice

Motivos de sobras 3
Necrópolis poética 4
Ansiolíticos 5
Amor conceptual 6
Angustias a la luz de las penumbras 8
Átomos de serenidad 9
A título gratuito 10
Celos impropios 11
Defectos de fábrica 12
Expresionismo del S.XXI 13
Pensando en vos 15
De la muerte a la vida 16
Cóctel de ilusiones 17
Buenas intenciones 18
Shopping de amores 19
Réquiem social 20
Los veo volando 21
Causalidades 22
Abrazo mortal 23
Intento frustrado 24
Parches emocionales 25
Territorio enemigo 26
Impulsos adolescentes 27
Econatugrama 29
Deseos prestados 30
Verte crecer 31
Moratoria inspirativa 32
Murallas abandonadas 33
Rumbo Merlo 34
Insuficiencias 35
Milagros ausentes 36
Reflejos de esperanza 37
Azul profundo 38
Imputabilidad 40
Manchitas de amor 41
Supernova 42

Alegatos 43
Brujitis 44
Metamorfosis gótica 45
Être ou ne pas être 47
Calipso 48
Else 49
Miserias 50
Surmenage 52
Frecuencia modulada 53
El síndrome Moreira 54
Un hasta luego recurrente 57

www.ingramcontent.com/pod-product-compliance
Lightning Source LLC
Chambersburg PA
CBHW072035060426
42449CB00010BA/2268